AF359916

L'ACTE DU FEU,

ENTRÉE DES ÉLÉMENTS;

ARIANE,

DANS L'ISLE DE NAXOS;

ET

DAPHNÉ ET APOLLON,

REPRÉSENTÉS

POUR LA PREMIERE FOIS,

PAR L'ACADÉMIE-ROYALE DE MUSIQUE,

Le Mardi 24 Septembre 1782.

PRIX XXX SOLS.

A PARIS,

De l'Imprimerie de P. DE LORMEL, Imprimeur de ladite Académie, rue du Foin Saint-Jacques, à l'Image de Sainte Genevieve.

On trouvera des Exemplaires à la Salle de l'Opéra.

M. DCC. LXXXII.

AVEC APPROBATION ET PRIVILEGE DU ROI

LE FEU,

ACTE DES ÉLÉMENS,

BALLET - HÉROÏQUE.

Le Poëme eſt de R O Y.

La Muſique de **M. EDELMANN.**

ACTEURS.

ÉMILIE, *Grande-Prêtresse*
 de Vesta,   Mlle. Joinville.
VALERE, *Chevalier Romain,*   M. **Lainé.**
L'AMOUR,   Mlle. Audinot.
UNE DAME *Romaine.*   Mlle. Lebœuf.
LES PRÊTRESSES *de Vesta.*
CHEVALIERS *Romains.*
DAMES *Romaines.*

La Scène est à Rome, dans le Temple de Vesta.

PERSONNAGES DANSANTS.

PRÉTRESSES.

Mlles. Daurigé, Desgravelles, Vanloo, Dupleſſis,
St Opportune, Gibaſſier.

CHEVALIERS ROMAINS.

M. GARDEL.

M. FAVRE.

M^rs. Abraham, le Breton, Clerget, Hennequin, l.
Delahaye, Joly, Milon, Poinon.

DAMES ROMAINES.

Mlle. DORLAY.

Mlle. DUPRÉ.

Mlles. Puiſſieux, Dancourt, Courtois, Simon,
Bourgeois, Camille, Louiſe, Dauvilliers.

LE FEU
ACTE DU BALLET-HÉROÏQUE
DES ÉLÉMENS.

Le Théâtre repréfente le Veftibule du Temple de Vefta, & au fond, le Sanctuaire, où eft le Feu facré.

SCENE PREMIERE.

ÉMILIE, *Troupe de* PRÊTRESSES.

LE *CHŒUR.*

FLAMME que révere
Cet Empire heureux,
De nos fiers Ayeux
Tréfor tutélaire,
Rayon précïeux
Du flambeau des Cieux,
Nuit & jour éclaire
Et défends ces lieux!

E M I L I E.

Brillez dans ces beaux lieux, brillez, Flâme éternelle,
Gage de notre gloire, objet de notre zele.

A I R.

Dès mes plus tendres ans affervie à vos loix,
　　Sous fon Empire un autre Dieu m'appelle;
L'Hymen forme pour moi la chaîne la plus belle,
Et je fers vos Autels, pour la derniere fois.

Brillez dans ces beaux lieux, *&c.*

Le C H Œ U R.

On vous doit la gloire;
Les jours des Céfars.
Par vous la victoire
Suit nos étendards

Unique efpérance,
Source de bienfaits,
Verfez l'abondance,
Donnez-nous la paix.

E M I L I E.

O Vefta, terrible Déeffe,
Tu veux qu'un trépas honteux
Soit la peine de la Prêtreffe,
Qui laiffe éteindre tes feux.

EMILIE, aux *PRÉTRESSES*.

Que vos foins affidus préviennent fa vengeance,
Que vos fideles cœurs attirent fes bienfaits :
Un nœud myftérieux enchaîne pour jamais
    Ses honneurs & notre puiffance.

   Allez : tant que la nuit obfcurcira les airs,
Sur le dépôt facré j'aurai les yeux ouverts.

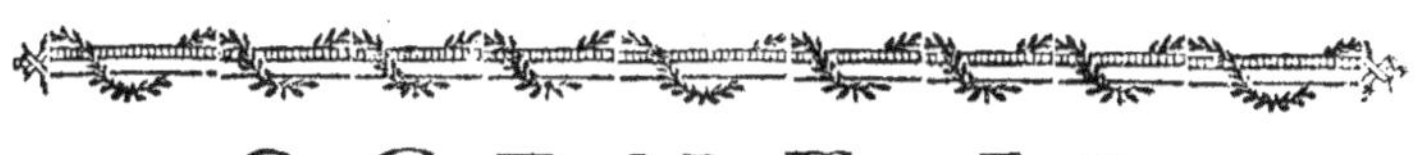

SCENE II.

EMILIE, *feule*.

Amour, de mon bonheur affure le préfage,
Et d'un fonge importun viens effacer l'image.

SCENE III.

EMILIE, VALERE.

EMILIE.

AH! Valere, quel tems vous préfente à mes yeux?
Un mortel ofe-t-il pénétrer dans ces lieux?

VALERE.

Ma flâme impatiente
A vaincu tout obftacle : eft-ce un crime pour moi?
Eft-ce offenfer le Ciel, garant de votre foi?

A ı R.

L'Amour va combler mon attente;
    Bientôt l'Aurore naiffante
Me voit l'heureux Rival des Dieux :
Que je life du moins mon bonheur dans vos yeux;
Ne me refufez pas un regard qui m'enchante.

EMILIE.

Ah! devez-vous ici me parler de vos feux?

VALERE.

Quel afyle fi févere
    Eft interdit à l'Amour?
Dans quel Temple ce Dieu ne fe fait-il pas jour?
Il eft le Souverain des Dieux qu'on y révere.

VOS

Vos beaux yeux font baignés de pleurs ;
Eh ! qui les fait couler ?

ÉMILIE.

Hélas ! j'ai tout à craindre ;
Le Ciel à notre hymen préfage mille horreurs.

VALERE.

Ah, vous ne m'aimez plus.

ÉMILIE.

Je ferois moins à plaindre.
Apprenez donc tous nos malheurs.
Les voiles de la nuit commençoient à s'étendre,
Un fonge trop flatteur vous offroit à mes yeux ;
Je vous parlois ; jamais mon cœur ne fut plus tendre :
Quand de triftes clameurs ont monté jufqu'aux cieux.
J'ai vu Vefta ; fa voix a glacé mon courage ;
Le temple en a tremblé . . . du milieu d'un nuage,
Des feux étincelans ont éclaté fur nous,
Au moment que la mort me féparoit de vous.

VALERE.

Air.

Reprenez l'efpérance ;
Nos feux feront victorieux :
Et j'en ai pour garant les dieux,
Vos attraits & ma conftance.

EMILIE.

Jufques au jour naiſſant abandonnez ces lieux:
Je vais de mes devoirs remplir la loi ſuprême;
Je dois veiller ici.

VALERE.

L'Amour veille pour nous.

EMILIE.

Ce ſont mes derniers ſoins; les Dieux en ſont jaloux.
Je retourne à l'Autel.

VALERE.

Vous fuyez qui vous aime.

EMILIE.

A mon bonheur je m'arrache moi-même;
Je porte à la Déeſſe un cœur trop plein de vous.

(*Elle entre dans le Sanctuaire.*)

VALERE.

L'abſence d'un moment m'eſt un ſupplice extrême.

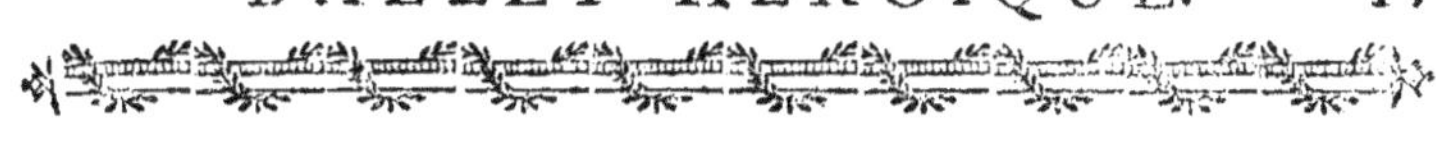

SCENE IV.

Le Théâtre s'obscurcit par l'extinction du Feu sacré, & la clarté cede à la nuit.

VALERE , EMILIE , Chœur de Prêtresses *dans le Sanctuaire.*

(On entend gronder le tonnerre)

LE *CHŒUR.*

Quel bruit affreux ! quel préfage effroyable !
O fort cruël ! ô Prêtreffe coupable !

VALERE.

De quels funeftes cris retentiffent ces lieux ?

SCENE V.

EMILIE, VALERE.

EMILIE fortant du Sanctuaire.

Qu'ai-je fait ? quelle horreur !.. Tonnez, frappez,
grands Dieux !
Sur moi feule épuifez votre haine implacable !

VALERE.

Qu'avez-vous, Emilie ? & quel trouble confus. …

EMILIE.

Je tremble, je frémis ; le feu facré n'eft plus !
J'entends déjà la foudre menaçante,

B ij

Les Prêtres, le Sénat, les Peuples en fureur:
L'on creufe mon tombeau, l'on m'y traîne vivante,
Et d'une lente mort j'y vais fubir l'horreur.

VALERE.

Ah! périffe plutôt ce Peuple & fa puiffance;
       Périffent mille fois
Les aveugles auteurs de ces barbares loix,
  Qui des fautes du fort accablent l'innocence!
Je vous verrois mourir!... Impitoyables Dieux!
Ah! fi des feux fi purs arment votre vengeance;
  Qui donc eft innocent, ou coupable à vos yeux?

EMILIE.

Ne faites point aux Dieux un reproche inutile.

VALERE.

    Fuyons de ces triftes lieux,
Suivez qui vous adore...

EMILIE.

              Où fera notre afyle?
Non, non, laiffez-moi feule attendre le trépas;
Ici votre préfence offenfe trop ma gloire,
    Et vos efforts ne me fauveroient pas.
    Adieu: confervez ma mémoire;
     Je pardonne au ciel en courroux,
S'il ajoute à vos jours ceux que je perds pour vous.

ENSEMBLE.

Ciel implacable que j'implore,
Frappe, lance tes traits, termine mes malheurs;
Non, non, fais fur moi { feul / feule } éclater tes rigueurs,
Epargne l'objet que j'adore!
Mais quel éclat fe répand dans ces lieux?
C'eft l'Amour qui defcend des cieux.

SCENE VI.

L'Amour, un flambeau à la main, defcend fur un nuage, & rallume le feu facré.)

L'AMOUR, ÉMILIE, VALERE.

L' AMOUR.

MOn flambeau fur l'autel fait revivre la flame;
Les maux que fait l'Amour, il fait les réparer.
Vivez, belle Emilie, & raffurez votre ame;
C'eft votre hymen que je viens éclairer.

EMILIE & VALERE.

Tu fléchis les deftins contraires,
Amour; ah! qu'à ce prix nos peines nous font cheres!

L' AMOUR.

Venez, Peuples, venez, célébrez ce beau jour:
L'hymen d'une Veftale a fondé votre empire.

Une autre y fait briller le flambeau de l'Amour:
Chantez, livrez vos cœurs aux tranfports que j'infpire.

(*L'Amour remonte dans le Ciel.*)

(*Les Seigneurs & les Peuples entrent pour mener
la Veſtale hors du Temple.*)

SCENE DERNIERE,

EMILIE, VALERE, une *DAME* Romaine,
LES CHEVALIERS Romains, PEUPLE.

EMILIE.

Duo.

(*) » L'Amour vient d'effuyer nos larmes,
   » Ses feux ont paſſé dans mon cœur.

VALERE.

   » Vous raſſemblez tous ſes charmes,
   » Je ſens toute ſon ardeur.

(*) Les Vers marqués de guillemets ſont ajoutés au Poëme par
M. MOLINE.

E M I L I E.

» Vous ferez à jamais le bonheur de ma vie.

V A L E R E.

» Vous plaire & vous aimer font ma plus chere envie,

E N S E M B L E.

» L'Amour répand dans mes fens
» Du plaifir la douce ivreffe,
» Les foupirs de la tendreffe
» Vont être nos doux accens.

V A L E R E , au Peuple.

» Vous qui voyez l'objet dont je fuis enchanté ,
» Applaudiffez à ma félicité.

C H Œ U R.

Que de nos chants retentiffent les airs ,
Triomphez du deftin qui vous faifoit la guerre ;
L'Amour commande au Ciel, à la Terre, aux Enfers ,
Et dans les mains des Dieux il éteint le tonnerre.

BALLET.

Une DAME Romaine.

Ariette.

» Le pouvoir de l'amour par-tout fe fait connoître ;

» Dans l'univers tout cede à fes charmes vainqueurs :

» Des Dieux & des mortels il s'eft rendu le maître :

» Que fa flame immortelle embrafe tous les cœurs.

BALLET général qui termine l'Acte.

APPROBATION.

J'AI lu par ordre de Monfeigneur le Garde des Sceaux, *Le Feu*, *Acte du Ballet-Héroïque des Elémens*, & je n'y ai rien trouvé qui m'ait paru devoir en empêcher l'impreffion. A Paris ce 23 Septembre 1782. BRET.

ARIANE

DANS L'ISLE DE NAXOS,

DRAME-LYRIQUE

EN UN ACTE.

Le Poëme eſt de M. MOLINE.

La Muſique eſt de M. EDELMANN.

APPROBATION.

J'AI lu par ordre de Monſeigneur le Garde des Sceaux, *Ariane dans l'Iſle de Naxos, Drame-lyrique*, & je n'y ai rien trouvé qui m'ait paru devoir en empêcher l'impreſſion. A Paris ce 23 Septembre 1782.   BRET.

SUJET D'ARIANE.

MINOS, *Roi de Créte , ayant défait les Athéniens , auxquels il avoit déclaré la guerre pour venger la mort de son fils Androgée , leur accorda la Paix , à condition qu'ils lui enverroient tous les ans un tribut de sept jeunes garçons pour être renfermés dans le labirinthe , & y devenir la proie de Minotaure. Thésée revint à Athenes , pendant qu'on alloit faire tirer au fort pour la troisieme fois les enfants destinés à ce tribut honteux. Les Athéniens au désespoir , éclatoient en murmures , & tout annonçoit une révolte générale. Thésée pour les appaiser , s'offrit volontairement pour être une des victimes. A son arrivée dans l'Isle de Créte , sa bonne mine lui gagna le cœur d'Ariane , fille de Minos , qui lui donna un peloton de fil , par le moyen duquel il sortit du labirinthe , après avoir vaincu le Minotaure : ensuite cette jeune Princesse s'en alla avec lui ; mais il l'abandonna sur un rocher dans l'Isle de Naxos.*

En adaptant à la Scéne – Lyrique ce Sujet , (imité d'un Mélodrame Allemand ,) l'on suppose que les Athéniens ont découvert la retraite de Thésée dans cette Isle , & qu'ils viennent l'en arracher pour le conduire au sein de sa Patrie. Thésée cédant à son amour pour la gloire , sacrifie sa tendresse pour Ariane ; & se dérobe à ses yeux pendant son sommeil : il espere que quelque Divinité prendra soin de sa conservation , & sa fuite rend en quelque sorte excusable son ingratitude envers sa bienfaitrice par le noble motif qui l'inspire. Ariane se voyant abandonnée , & ne pouvant survivre à son désespoir , se précipite dans la Mer.

ACTEURS.

ARIANE, *Fille de Minos,*
  Roi de Crête,   Mme St Huberti.
THÉSÉE, *Fils d'Egée, Roi*
  d'Athènes,   M. Laïs.
TROUPE DE GUERRIERS *Atheniens.*
LES NYMPHES *Oréades.*
TROUPE *de* MATELOTS.

La Scêne est dans l'Isle de NAXOS.

ARIANE
DANS L'ISLE DE NAXOS,
DRAME-LYRIQUE.

Le Théâtre repréſente une Isle eſcarpée & ſauva-
ge entourée de rochers, contre leſquels les va-
gues de la Mer viennent ſe briſer : on voit d'un
côté quelques arbres qui annoncent l'entrée d'une
Forêt, & de l'autre côté un énorme rocher qui
s'avance ſur la Mer.
(La Scêne ſe paſſe avant le lever du jour.)

SCENE PREMIERE.

ARIANE, THÉSÉE, Troupe de Guerriers
Athèniens *derriere le Théâtre.*

(Ariane eſt endormie ſur un rocher, pendant que
Théſée arrive ſur la Scêne ; mais avant qu'il
paroîſſe, l'on entend les voix des Athèniens.)

CHŒUR des Guerriers *Athèniens, derriere*
le Théâtre.

QUE Théſée abandonne un funeſte rivage !
Qu'il nous ſuive aux champs de l'honneur ?

A

THÉSÉE paroissant sur le sommet du rocher.
(Aux ATHÉNIENS.)

Qu'exigez-vous, cruels ! qu'elle est votre rigueur ?..

CHŒUR des ATHENIENS derriere le Théâtre.

>   Arrachons de ce lieu sauvage
>   Le plus intrépide vainqueur !

THÉSÉE en descendant du rocher , & s'appro-
chant d'Ariane endormie.

(Aux ATHENIENS.)

Barbares ! laissez-moi : je veux la voir encore....
>   Ah ! c'est pour la derniere fois !...

(Il regarde ARIANE en soupirant.)

>   Belle Ariane, que j'adore,

Ton amour sur mon cœur n'a pas perdu ses droits ;
Cependant pour te fuir je devance l'Aurore....
Tu te livres sans crainte aux douceurs du sommeil ;
Et tu ne pressents pas l'horreur de ton réveil !

(à part , avec transport.)

>   Dieux ! je lui serois infidèle !...

Des fureurs de Minos , qui m'eut sauvé sans elle ;
Du labirinthe affreux qui m'auroit retiré ?
Et ce monstre effrayant qui me l'auroit livré ?...
>   Elle a tout quitté pour me suivre :
>   Sans elle je ne sçaurois vivre ;

Et je la laifferois dans ces funeftes lieux ,
En proye aux monftres furieux ?...

A i r.

(*Il fe retourne du côté où font les Athéniens.*)

Non ! votre cruauté ne fera point remplie
Inflexibles Athéniens !
Si d'un tribut honteux j'ai fauvé ma Patrie ,
J'ai rempli mes devoirs & l'amour a les fiens.

(*Ariane paroît émue en rêvant.*)

Mais.... que vois-je ?... fon cœur palpite...
Elle foupire.... elle s'agite...

A R I A N E , en rêvant.

Théfée !...

T H É S É E.

Elle m'appelle ?...

A R I A N E , toujours en rêvant.

Au fecours cher amant !
Viens défendre A riane ....

T H É S É E.

O funefte moment ?
Mon Ariane !... ah ! mon efprit s'égare !...

A ij

A R I A N E, *toujours en rêvant.*

Ciel ! il m'abandonne... ah ! barbare !...

T H É S É E , avec une tendre émotion.

Ariane ! Ariane ! objet de tous mes vœux !...
Qui ? moi, t'abandonner dans ce féjour affreux !...

CHŒUR des ATHENIENS , derriere le Théâtre.

Que Théfée abandonne un funefte rivage ;
　　Qu'il nous fuive aux champs de l'honneur !
　　Arrachons de ce lieu fauvage
　　Le plus intrépide vainqueur.

(*On entend le fon des trompettes dans le lointain.*)

T H É S É E.

Qu'entends-je ?... ils m'appellent encore ?...

(*Il fe retourne vers le rivage, avec un air de dépit.*)

　　Dieux puiffants que j'implore !
A quoi me réfoudre ?... (*aux Guerriers.*) cruels !...
Quel démon vous a pu découvrir ma retraite ?
J'étois dans ce féjour ignoré des mortels !
Cette Mer dangereufe où regne la tempête ;
Ces rochers efcarpés qui menacent les Cieux,
Etoient pour notre amour un lieu délicieux !...

(*Il s'approche d'*ARIANE.)

Je ne puis la quitter !... oui, leur attente eft vaine.

L'Amour m'enchaîne fur fes pas.

Quand tous les Grecs devroient m'accabler de leur
  haine,

Ils ne pourront jamais m'arracher de fes bras.

(*Il preſſe les mains d'*ARIANE *, & tout-à-coup
  s'éloigne d'elle d'un air confus.*)

Que fais-je?.. qu'elle honte!... évitons fes appas!...

(*Il fait encore un mouvement pour s'approcher
  d'*ARIANE *, & fe recule avec effroi.*)

A I R.

Non, non, plus de pitié, la gloire eſt triomphante!

Un brillant avenir à mes yeux fe préfente:

Fuyez lâches foupirs, l'honneur conduit mes pas;

Je redeviens héros, & je vole aux combats!...

Non, non, plus de pitié; la gloire eſt triomphante!

SCENE II.

ARIANE endormie, THÉSÉE, *Troupe de Guerriers* ATHÉNIENS, *dans l'éloignement.*

(Les Athéniens paroissent sur le rivage ; pendant que plusieurs autres descendent du haut des rochers pour se joindre à eux.)

CHŒUR des Guerriers Athéniens rassemblés sur le rivage de la Mer.

ALLONS le chercher ; hâtons-nous ....
Qu'il défende notre Patrie !...

THÉSÉE, en faisant quelques pas vers les Athéniens.

Grecs, appaisez votre courroux ....
Oui, pour me rendre auprès de vous
J'immole mon repos, le bonheur de ma vie ....

(Il revient auprès d'Ariane.)

AIR.

(Il la regarde en soupirant.)

O toi, dont je trahis la tendresse & la foi !
Toi, qui ne connois point le tourment que j'endure ;

N'irrite jamais contre moi
Les Dieux qui vengent le parjure.
Tu fus le cher objet de mes vœux empreſſés ,
Mes regrets, mes remords te vengeront aſſez...
Ils me ſuivront par tout. ... c'eſt en vain que la gloire
Prétend ſur mon amour emporter la victoire ;
Théſée adore tes attraits ,
La flamme de mon cœur ne s'éteindra jamais !

SCENE III.

ARIANE *endormie.* THÉSÉE, *les* GUERRIERS *Athéniens , Troupe de* MATELOTS *qui paroiſſent dans pluſieurs Navires.*

(*Pluſieurs Vaiſſeaux Athéniens abordent le rivage , & l'on en voit ſortir une troupe de Soldats armés qui ſe joignent aux Capitaines Athéniens.*)

CHŒUR *des* ATHÉNIENS.

Dans ce déſert Théſée oſe flétrir ſa gloire ;
C'eſt trop nous arrêter ; rempliſſons nos projets !...

(*Ils trament une conspiration contre Ariane.*)

THÉSÉE, à part, & d'un air inquiet.

Où courent ces Guerriers!... quels funestes apprêts!..

(Les Athéniens s'approchent de Théfée.)

THÉSÉE s'oppofant à leur paffage.

Arrêtez!...

LES *ATHÉNIENS.*

Avançons!...

THÉSÉE tirant fon épée en menaçant les
Guerriers.

(Aux Grecs.)

Refpectez tant de charmes!...

(à part, en regardant Ariane.)

Nymphes de ces rochers, daignez la fecourir!..

(Ariane paroît fe réveiller.)

Elle s'éveille... ô Ciel!... fes larmes
Pourroient encore m'attendrir....

Il faut m'éloigner d'elle!...

CHŒUR des Athéniens qui entraînent Théfée
malgré lui.

Hâtez-vous de partir?...

THÉSÉE.

(Aux Grecs.)   *(à part.)*

Je vous fuis!..... ô douleur extrême!.....

Oui,

Oui, c'en eſt fait !... je m'arrache à moi-même !

(*Il monte ſur la poupe d'un Vaiſſeau, en tendant*
les bras vers Ariane.)

Ariane ! Ariane !... hélas ! il faut te fuir !...

(*Tous les Guerriers s'embarquent, & les Vaiſſeaux*
diſparoiſſent.)

(*Ariane s'éveille.*) (*Le jour commence à paroître.*)

SCÊNE IV.
ARIANE, *ſeule.*
(*Elle ſe leve avec précipitation, & regarde de tous*
côtés.)

THéſée !. ah ! je l'entends ! c'eſt ſa voix qui m'ap-
pelle !
Mais... je ne le vois point... un ſonge trop flatteur
Avoit ſéduit mon cœur !...

A I R.

Je vois briller l'Aurore !.... ô Déeſſe immortelle !
Jamais à mes regards tu ne parus ſi belle !
Le Soleil qui te ſuit, de ſon char radieux
Répand dans l'univers ſon éclat & ſes feux !

B

Mais, Théſée eſt abſent ; je ne ſuis point tranquille...
          Depuis que j'habite cette Iſle ,
L'Aurore à mes côtés le ſurprenoit toujours ;
Elle étoit le témoin de nos tendres amours. ...
Aujourd'hui pour me fuir l'as-tu donc prévenue ?...
Ce déſert paroiſſoit s'embellir à ta vue ,
          Cher Amant , Reviens ; loin de toi
Ce funeſte ſéjour n'a point d'attraits pour moi !
Tout offre à mes regards l'horreur de la nature ,
Les vagues de la mer font un affreux murmure ;
Ces rochers menaçants ſuccombent ſous leur poids ;
          Le Lion rugit dans ces bois. ...
Ah ! cher Théſée ! accours , viens diſſiper ma crainte ?
          N'entends-tu pas ma triſte plainte ?..
          Viens raſſûrer mon cœur ;
          Ariane t'en prie :
Ariane qui t'aime & tremble pour ta vie .
          Hâte - toi , calme ma douleur ? ....

                    (*Elle s'aſſeoit ſur un rocher.*)

Ah ! combien cette nuit tu m'as coûté de larmes !
          Grands Dieux ! quel étoit mon effroi ?
Ce ſonge excite encore mes mortelles allarmes ! ...
          Théſée au mépris de ſa foi
Vouloit m'abandonner ; il fuyoit ſon Amante ;
Vainement je l'implore : éperdue & tremblante ,

Je vole, je m'écrie... hélas! il difparoit ;
Parmi les champs de Mars fa valeur l'entraînoit...

(Elle fe leve.)

Mais auprès d'Ariane il ne vient point fe rendre ?
Vous qui l'avez fauvé par mon tendre fecours ,
 Dieux puiffants ! daignez le défendre.
 Veillez encore fur fes jours ;
Quelque monftre en fureur peut ici le furprendre.

(Elle le cherche de tous côtés.)

A I R.

Il ne vient point.. ô ciel !.. que mon cœur eft ému !..
Théfée ! entends mes cris !.. Ah! qu'es-tu devenu !..
Qui peut te retenir? reviens, mon cher Théfée !....
Quel effrayant écho répond à mes accens ?
 Et quels horribles fifflemens ! ....
L'orage approche. hélas !.. mon ame eft oppreffée !..
Quoi! tu l'entends, Théfée, & tu fuis loin de moi !
 C'en eft trop : je vole après toi.

(Elle monte fur le rocher.)

Quelques nuages fombres commencent à fe répan-
dre fur l'horifon.

B ij

SCENE V.

ARIANE, les NYMPHES ORÉADES.

CHŒUR des NYMPHES ORÉADES, divisées en différens grouppes, parmi les rochers.

TU ne reverras plus cet Amant infidele ;
Tu le perds pour jamais : cesse de le chercher.

ARIANE, effrayée.

Ciel !

CHŒUR des NYMPHES ORÉADES.

Les Nymphes de ce rocher
L'ont vu fuir vers les lieux où sa gloire l'appelle.
Au lever du jour ses vaisseaux
Ont bravé la fureur des flots.
Il t'abandonne.
(Ariane descend pendant ce Chœur jusqu'au pied
du rocher en chancelant.)
(Toutes les Nymphes disparoissent.)

SCENE VI.

ARIANE, *seule.*

(*Elle tombe évanouie.*)

O Dieux! je me meurs! Malheureuse!
Cruel!.. m'abandonner fur cette rive affreufe!..
J'ai confervé tes jours par pitié pour ton fort;
Pour toi j'ai tout quitté, mes parens, ma patrie;
Oui, pour toi mille fois j'aurois donné ma vie!
Théfée, étoit-ce à toi de me donner la mort?..
Que vais-je devenir?.. A quoi donc me réfoudre?..

(*Elle fe releve.*)

Dieux offenfés! tonnez, lancez fur lui la foudre.
Vengez-moi, vengez-vous!.. Il trahit fon ferment;
Accablez de vos traits le plus perfide amant.

A I R.

Grands Dieux! eft-ce donc la foibleffe
Qui mérite votre courroux?...
Ah! fi la trahifon, le crime & la baffeffe
Doivent être punis, pourquoi balancez-vous?
Pourriez-vous épargner l'ingrat qui m'abandonne?

Je vois de tous côtés la mort qui m'environne,
Cessez de me faire souffrir ;
Abrégez mes tourmens, ou faites-moi périr...

(*Elle parcourt le Théâtre toute égarée.*)

Où suis-je ?.. j'apperçois les rives du Cocyte...
Les enfers... Ecoutons... quelle terreur m'agite ?
J'entends un affreux hurlement !
O ciel ! je vois Théfée au milieu des furies.
Exercez contre lui toutes vos barbaries,
Filles du Styx ! frappez , déchirez-lui le flanc ;

A I R.

Oui, que le parjure frémisse !
Repaissez mes regards de son cruel supplice !
Que tous vos serpens en fureur
Dévorent son perfide cœur !
Hâtez-vous, servez ma vengeance !
Point de pitié , point de clémence ,
Précipitez l'ingrat dans ces gouffres ouverts !
Qu'il périsse !.. arrêtez... hélas ! je l'aime encore..
Barbares ! épargnez un ingrat que j'adore !

(*Elle s'affeoit fur un rocher, & revient à elle
insensiblement; ensuite on entend une douce
symphonie.*)

Quels fons touchans, frappent les airs !

SCENE DERNIERE.

ARIANE, LES NYMPHES ORÉADES.

CHŒUR des Nymphes Oréades parmi les Rochers.

O VICTIME déplorable !
Nous partageons la douleur qui t'accable ;
L'erreur de ton cœur amoureux ,
Te fait abandonner des Mortels & des Dieux.

ARIANE, à part, en se levant.

AIR.

Il n'est donc pour moi plus d'asyle !..
Ah ! j'étois autrefois innocente & tranquille ;
Je ne connoissois point les tourments de l'amour :
    Je me reposois chaque jour
    Sur le sein d'une tendre mere ;
      Elle étoit fiere
      De mes vertus.
    Hélas ! j'ai perdu sa tendresse
    Pour une seule foiblesse ;
Inutiles regrets ; mes pleurs sont superflus.
(*Le Ciel se couvre de nuages ; les éclairs brillent,
le tonnerre gronde & les vagues de la mer s'agi-
tent : tout annonce la plus horrible tempête.*)

Mais, qu'elle nuit fuccéde à la plus belle aurore!...
Quel affreux défordre?.. quel bruit?...
La Mer fe fouleve & mugit;
Quels terribles éclairs!... ils redoublent encore..
(*Le tonnerre tombe.*)
Dieux irrités, qui voulez mon trépas?...
Vous qui voyez le parjure & le crime,
Et qui ne le puniffez pas?...
Et bien tonnez, frappez, voila votre victime.
(Elle monte fur le rocher qui s'avance fur la Mer.)
CHŒUR des Nymphes Oréades qui tendent toutes
leurs bras vers Ariane.)
(*à Ariane.*)
Viens gouter près de nous les charmes du repos...
A R I A N E, aux Nymphes.
Non, la mort doit finir mes maux;
Elle me pourfuit; m'environne;
Je cours la trouver dans les flots?

(Pendant qu'elle eft fur le fommet du rocher, les
éclairs fe fuccédent avec plus de violence.)
(Ariane tendant fes bras vers le Ciel, appelle
encore fon Amant.)
Théfée!... ah! c'en eft fait! hélas! tout m'abandonne;
Des Dieux & des mortels, je brave les rigueurs,
Dans le fein de la Mer terminons mes malheurs!
(Elle fe précipite dans la Mer.)
FIN DU DRAME LYRIQUE.

DAPHNÉ

ET

APOLLON,

OU

L'INVENTION DE LA LYRE.

Les Paroles font de M. PITRA.

La Mufique de M. MAYER.

ACTEURS.

APOLLON,   M. Lainez.

DAPHNÉ, *Fille du Dieu* PENÉE,

  *& Prêtreſſe D'*APOLLON,   Mlle. Audinot.

PENÉE, *Fleuve, pere de*

  DAPH'NÉ,   M. Moreau.

NYMPHES, }   Mlles Gavaudan, l.
                                Gavaudan, c.
                                Jirardin, &
                                Tonat.

BERGERS & BERGERES.

MUSES.

L'AMOUR.

GUERRIERS.

La Scêne eſt ſur les bords du PENÉE,

PERSONNAGES DANSANTS.

PASTRES & PASTOURELLES.

M. LEFEVRE. Mlle. PESLIN.

M. LAURENT. Mlle. GERVAIS.

M^{rs}. Blondin, Largilliere, Duffel, Boyer.

Mlles. Henriette, Carré, Maffon, Elifberg.

M. NIVELON, Mlle. DORIVAL.

M^{rs}. Barré, Doucet, Henry, Bozon.

Mlles. Bernard, Seville, la Cofte, le Clerc.

TERPSICORE.

Mlle. GUIMARD.

L'AMOUR.

Mlle. NANINE.

NYMPHES.

Mlles. Simon, Courtois, Dancour, Louife.

GRACES.

Mlles. Deligny, Granier, Coulon.

PLAISIRS.

Mlle. AUGUSTE.

M^{rs}. Delahaye, Clerget, Milon, Blanche.

GUERRIERS.

M. GARDEL.

M^{rs}. Abraham, le Breton, Joly, Poinon.

DAPHNÉ ET APOLLON.

Le Théâtre repréſente un Vallon délicieux , garni de différents arbuſtes entre-mélés de roſiers , & baignés des eaux du Fleuve Penée qui ſerpentent au pied d'une coline que l'on voit dans le fond : le Temple d'Apollon eſt ſur un des côtés.

SCÈNE PREMIERE.

DAPHNÊ, NYMPHES.

Quatre NYMPHES, alternativement avec le CHŒUR.

Daphné, tu deviens la Prêtreſſe
D'un Dieu qui ſera ton vainqueur.

Quand ſes accords nous peignent la tendreſſe,

A

Tes yeux, en l'écoutant, de la plus douce ivresse,
Lui peignent souvent la langueur.

LE CHŒUR.

ENSEMBLE.
> Daphé, jeune & belle Prêtresse:
> En servant le Dieu du Permesse,
> Daphné, songe à garder ton cœur.

DAPHNÉ.

En servant le Dieu du Permesse,
Je saurai conserver mon cœur.

DAPHNÉ.

Lorsque sa voix enchanteresse,
Par un charme flatteur captive tous mes sens,
Mon cœur respire en paix, non rien ne l'intéresse
Que la douceur de ses accens.

AIR.

Quand il nous chante une rose naissante,
Que le Zéphir caresse tendrement,
Je crains le sort de cette jeune amante,
Et les dangers que l'on court en aimant.

Si le Zéphir amoureux de la rose,
La rend sensible à ses tendres soupirs;

Plaignez fon fort ; à peine elle eſt éclofe,
Que l'inconſtant vole à d'autres plaiſirs.

(*On entend une ſymphonie champêtre.*)

Mais , déja , nos Bergers que la douce harmonie
A raſſemblés dans ce vallon ,
Viennent remercier le divin Apollon ,
Du don des Arts , enfans de fon génie...

✠✠✠✠✠✠✠✠✠✠✠✠✠✠✠✠✠✠✠✠✠✠✠✠✠✠✠

SCENE II.

Jeunes PATRES , *précédés de muſettes & de flutes antiques, deſcendants du Coteau , en chantant & danſant ,* DAPHNÉ & LES NYMPHES.

C H Œ U R chantant & danſant.

QUe nos pas réglés par les fons ,
Foulent ces gazons en cadence ;
Que nos danſes , que nos chanſons
Peignent notre reconnoiſſance.

Célébrons le pere du jour ;
Célébrons Apollon, fes bienfaits , fes merveilles ;
Il éclaire nos yeux , il charme nos oreilles ;
Il mérite tout notre amour.

A ij

Deux B E R G E R S.

C'eft la Nymphe de ce bocage,
Dont le Dieu du Jour a fait choix;
Daphné va nous dicter fes loix
Et lui préfenter notre hommage.

L E *C H Œ U R.*

Que nos pas, *&c.*

(*On danfe.*)

(*Des jeunes Bergeres portant des corbeilles de
rofes, entrent fur la Scêne, fuivies de Bergers
qui portent des guirlandes.*)

D A P H N É.

Offrez à Phebus cette fleur,
Il chérit la rofe nouvelle.

L E *C H Œ U R, en danfant.*

Offrons à Phébus, *&c.*

Une N Y M P H E, *pendant que l'on danfe.*

Ses chants refpirent la fraîcheur
Que Zéphir répend autour d'elle,
Quand cet amant vient d'un coup d'aile
Agiter fon timide cœur.

LE *CHŒUR.*

Offrons à Phébus , *&c.*

Une NYMPHE.

Elle doit fa vive couleur,
Aux baifers d'un jeune infidelle ;
Mais à qui doit elle l'odeur
Que fon fein amoureux recèle ?
Soleil ! c'eft ta flamme immortelle
Qui parfume fon jeune cœur.

LE *CHŒUR.*

Offrons à Phébus , *&c.*

Une NYMPHE.

Si Zéphir lui coute des pleurs,
Ses larmes la rendent plus belle ;
L'éclat des plus vives couleurs,
Dans fon fein humide étincelle,
Quand les feux d'un amant fidelle,
Viennent confoler fes douleurs.

LE *CHŒUR.*

Offrons à Phébus, *&c.*

Une NYMPHE.

Accompagnons les pas de fa jeune Prêtreffe ,

Jusques aux pieds de ses autels ;

Avec le CHŒUR.

Volons lui présenter ces fleurs, notre tendresse,
Gages de nos vœux immortels.

DAPHNÉ, au Chœur.

Je vous suis… Apollon m'ordonne de l'attendre ;
Il doit m'initier aux mysteres sacrés
Du culte que je dois lui rendre ;
Allez… dans ces lieux retirés,
Ce Dieu m'ordonne de l'attendre.

LE CHŒUR en s'en allant.

Volons, &c.

SCÈNE III.

D A P H N É , feule.

AH ! ton autel eft dans mon cœur,
Dieu charmant ! oui, ce cœur t'adore ;
Tes doux accens ont fait éclore
Les feux dont je reffens l'ardeur.

Mais je veux te cacher ma flamme,
Objet facré de tous mes vœux !
Daphné doit t'offrir d'autres feux,
Que ceux qui confument mon ame.
Ah ! ton autel, *&c.*

SCÊNE IV.

A P O L L O N, D A P H N É.

A P O L L O N, derriere la Scêne.

D Aphné !...

D A P H N É.

C'eft Apollon !... c'eft ce Dieu qui m'appelle ;..
Je tremble aux accens de fa voix.
                    (*Appollon entre.*)

APOLLON, à DAPHNÉ.

Jeune beauté dont mon cœur a fait choix,
Pour parer mes autels d'une gloire nouvelle,
Votre cœur chérit-il la douceur de mes loix ?

DAPHNÉ.

D'une divinité chérie,
Le culte est un charmant devoir ;
Mon cœur n'eut jamais d'autre espoir
Que de vous consacrer sa vie.

APOLLON.

Laissez-moi regner sur ce cœur.

DAPHNÉ.

C'est pour vous servir qu'il respire.

APOLLON.

Laissez-moi l'adorer, chaque jour vous le dire,
Rien n'égalera mon bonheur.

DAPHNÉ.

Qu'ai-je entendu !..

APOLLON.

L'aveu d'une flamme éternelle,
Que mes accens vous peignent chaque jour ;

Partagez

Partagez mes tranſports, vous ſerez immortelle,
Et vous le devrez à l'amour.

D A P H N É, à part.

Ah ! comment à ſes yeux cacher mon trouble extrême !...
A P O L L O N.

Laiſſez le plus tendre des Dieux
Lire un inſtant dans vos beaux yeux,
Si vous l'aimez comme il vous aime.

Comblez mon amoureux eſpoir....

D A P H N É.

Non, je trahirois mon devoir,
Et je dois fuir l'amour & ſes perfides charmes.

D u o d i a l o g u e'.

A P O L L O N.

A ſon pouvoir rendez les armes,
Laiſſez ce Dieu vous enflammer.

D A P H N É.

Je dois fuir ſes perfides charmes,
Non, jamais, je ne veux aimer.

B

APOLLON.

A fon pouvoir rendez les armes,
Laiffez ce Dieu vous enflammer.

DAPHNÉ.

Ah ! combien fes fleches cruelles
Ont déchirés de jeunes cœurs !

APOLLON.

Combien font douces les faveurs
Qu'il répend fur les cœurs fidelles !

DAPHNÉ.

Ce Dieu cruel porte des ailes ,
Qu'il mouille fouvent de nos pleurs.

APOLLON.

Ce Dieu dépofera fes ailes ,
En uniffant nos tendres cœurs.

APOLLON.　　　　　　*DAPHNÉ.*

A fon pouvoir, *&c.*　　　Je dois fuir , *&c.*

DAPHNÉ.

Laiffez - moi fuir aux pieds de vos autels ;
En cédant à vos vœux j'offenferois mon pere...

APOLLON.

L'Amour fléchira fa colere ;
Laiffez-moi vous jurer des fermens éternels....

    (*Il veut retenir* DAPHNÉ.)

D I A L O G U E.

DAPHNÉ.

Arrêtez ! Dieu téméraire !...

APOLLON.

Je brûle pour vos appas.

DAPHNÉ fuyant dans la couliffe.

Arrêtez ! Dieu téméraire!...

APOLLON la fuivant.

Je fuivrai par tout vos pas.

DAPHNÉ paroiffant fur le Coteau, & pourfuivie par APOLLON.

Mon pere ! ma voix t'implore...

    (*Elle difparoît.*)

(*On voit Daphné traverfer le coteau du fond, pourfuivie par Apollon ; on la perd encore de vue, & elle rentre fur la Scêne toujours fuivie par ce Dieu.*)

      B ij

DAPHNÉ, en rentrant sur la Scêne.

Mon pere ! ma voix t'implore !
Des bras d'un Dieu qu'elle adore,
Sauve ta fille...

APOLLON, qui atteint D*APHNÉ.*

A mes vœux,
Ah ! cédez, Nymphe charmante.....

(*Il veut la retenir ; elle s'échappe , se jette dans la*
coulisse ; un laurier paroît à sa place.)

Cédez!... que vois-je ! grands Dieux !..
Quel pouvoir inconnu me ravit mon amante !

O ! défespoir !... fuplice affreux !..
O fureur ! ô douleur mortelle !
C'eft une écorce cruelle
Qui la ravit à mes yeux !...

Daphné !.. c'eft moi qui t'appelle !..
O fureur ! ô douleur mortelle !
Ma Daphné ne m'entends pas.

O fureur! ô douleur mortelle !
C'eft une écorce cruelle
Que je preffe entre mes bras !

(*Il reste un moment accablé de douleur, & contemplant le laurier.*

O toi, qui me ravis l'objet de ma tendresse,
        Arbre cruel! arbre inhumain!
Ah! du moins tes rameaux, façonnés par ma main,
Prodige de mon art, charmeront ma tristesse.

(*Il détache une branche de laurier, & en forme*
        une lyre.)

    Lyre parois! viens calmer mes transports.
(*Il en prélude.*)

        Qu'entends-je!.. Quels divins accords!...
    Quoi mes malheurs serviroient à ma gloire!...

    (*Il s'adresse à sa Lyre.*)
Pour chanter ma Daphné, pour chanter sa mémoire,
        Je te consacre à la beauté ;
Ses mains contre son sein te presseront sans cesse ;
Et tu peindras l'amour, ses langueurs, son ivresse,
        Sous les doigts de la volupté.

(*Il s'assied au pied du laurier ; il chante en s'accompagnant de sa Lyre.*)

A i r.

Arbre cruel, sous ton épais feuillage,
En m'entendant soupirer nuit & jour,

De ma Daphné retrace-moi l'image,
Sois immortel comme l'eſt mon amour.

Si les accens que ma douleur ſoupire,
Pouvoient fléchir des rigoureuſes loix;
Je t'entendrois, aux accords de ma Lyre,
Mêler les ſons de ta plaintive voix.

DAPHNÉ toujours enveloppé de l'écorce du laurier.

Apollon!… Daphné reſpire!…

APOLLON.

Qu'entends-je!… quoi, Daphné reſpire!

APOLLON.	*DAPHNÉ.*
Son cœur gémit! ſa voix ſoupire!	Sous cette écorce je reſpire ;
Elle répond à mes accens !	Ta voix a raniniés mes ſens.

APOLLON, voulant briſer l'écorce qui lui cache DAPHNÉ.

Ah ! je veux arracher cette écorce inhumaine
Qui me dérobe tes appas….

DAPHNÉ.

Cruel !

APOLLON.

Je veux briſer le lien qui t'enchaîne…

DAPHNÉ.

Arrête !...

APOLLON.

Non, Daphné, je ne l'écoute pas....

SCÊNE V.

LES ACTEURS PRÉCÉDENTS.

PENÉE, *sortant du sein de ses ondes.*

PENÉE.

Dieu téméraire !
Arrête ! reconnois son pere.

AIR.

Arrête, audacieux, cesse de m'outrager ;
Cesse de déchirer le sein de ton amante ;
C'est envain que ta main sanglante,
De cet épais tissu voudroit la dégager.

Envain ton art divin lui redonne la vie ;
Cet arbre, pour jamais, la dérobe à tes yeux ;
Quand j'exaucois ses vœux, ses regrets l'ont trahie ;
Daphné ne verra plus la lumiere des Cieux.

TRIO DIALOGUÉ.

APOLLON.

Ah ! rends le jour a l'objet de mes vœux ;
Brife un lien qu'a tiſſu ta colere.

PENÉE.

Je veux punir l'audace de tes feux...

APOLLON.

Vois mes tourmens & ma douleur amere.

APOLLON.	PENÉE.
Brife un lien qu'a tiſſu ta colere,	Non ; tes tranſports audacieux
Et rends le jour à l'objet de mes vœux.	Ont trop mérité ma colere.

DAPHNÉ.

Mon pere ! ma voix gémiſſante
Eléve juſqu'à-toi ſes accens douloureux ;
Pardonne ta fille tremblante. . . .

APOLLON.	PENÉE.
C'eſt ta fille ! ſa voix touchante !	C'eſt Daphné ! ſa voix touchante !

DAPHNÉ.

Laiſſe fléchir un courroux rigoureux ,
Et prends pitié de la plus tendre amante.

DAPHNÉ.	APOLLON.
O mon pere ! exauce mes vœux !	Vois à tes pieds ſon amant mal-heureux !

DAPHNÉ

DAPHNÉ, & APOLLON, aux   PENÉE, à part.
        genoux de Penée.

O mon pere ! daigne m'entendre ! Je veux envain m'en défendre ;
Rends à l'Amour du plus tendre   La pitié se fait entendre ;
        des Dieux,   Amour, je céde à leurs vœux.
L'objet de l'amour le plus tendre.

PENÉE.

Daphné revois le jour ; Apollon sois heureux.

(*Le laurier se brise, & on en voit sortir Daphné.*)

DAPHNÉ ET APOLLON.

O ma Daphné !   }
                } je te revois encore !
O mon amant !   }

APOLLON.

De larmes de plaisirs, je baigne tes appas ;
Tu n'échapperas plus à l'amant qui t'adore,
    Je te presse enfin dans mes bras.

D u o.

APOLLON et DAPHNÉ.

Dieu de Paphos, Dieu de Cithere,
        Charmant amour,
Viens, vole d'une aîle légere
        Dans ce séjour ;
Viens recevoir le tendre hommage
Que te doivent d'heureux Amans ;
                        C

Toi feul infpire les talens,
Notre bonheur eft ton ouvrage.

A P O L L O N.

Nymphes, Bergers, accourez en ces lieux,
Mufes, brillante Terpficore,
Sur le Parnaffe offrez-vous à fes yeux,
Et célébrez la beauté que j'adore.

*(Le fond du Théâtre repréfente le Parnaffe, fur le-
quel font placées les neuf Mufes.)*

SCÊNE VI.

LES ACTEURS PRÉCÉDENS.

BERGERS & BERGERES, NYMPHES & MUSES.

LE CHŒUR.

CHantons Daphné, le Dieu du jour ;
Ce jour eſt le jôur de ſa gloire ;
Quand les talens ſervent l'Amour,
L'Amour eſt ſûr de la victoire.

(*Danſe des Bergers & des Bergeres.*)

(*L'Amour entre au milieu des Nymphes & des
Graces ; elles veulent envain le fixer ; il vole
à Daphné qui lui montre la lyre d'Apollon, il
la prend, il en pince & Terpſicore deſcend du
Parnaſſe danſer au ſon qu'il en tire.*)

CHŒUR GÉNÉRAL.

APOLLON, avec le CHŒUR.

Arbre ſacré, divin laurier,
De l'immortalité ſois le précieux gage ;
Couronne d'un verd feuillage
L'enfant des Arts & les Guerriers.

Les Mufes chériront ton adorant ombrage ;
Viens des bords du Permeffe embellir les côteaux ;
Que la foudre en éclats refpecte tes rameaux ;
Qu'ils foient toujours le prix des Arts & du courage.

Arbre facré , *&c.*

(*Entrée des Guerriers à qui les Mufes diftribuent*
des lauriers.)

B A L L E T   G É N É R A L.

F I N.

A P P R O B A T I O N.

J'ai lu par ordre de Monfeigneur le Garde des Sceaux,
D A P H N É & A P P O L L O N , *Ballet*, & je n'y ai rien
trouvé qui m'ait paru devoir en empêcher l'impreffion.
A Paris ce 23 Septembre 1782.   BRET.